Jazz for the President
Jazz pour le président

Claire Davy-Galix

Illustré par Juliette Armagnac
et Vivilablonde (Bonus)

Pour Bénédicte et Olivier,
un maximum de bonheur.

Claire Davy-Galix est agrégée d'anglais et enseigne dans un lycée en Bretagne. Elle est l'auteure de *Hotel Safari* et *Destination Hawaii*, deux romans bilingues pour collégiens parus dans la collection DUAL Books.

Avec la participation de Anouk Journo-Durey et de Zoé Bennett

Création graphique : Élodie Breda

Mise en page : Marina Smid

© Talents Hauts, 2010
ISBN : 978-2-916238-78-4
ISSN : 2102-4960
Loi n°19-956 du 16 juillet 1949 sur les publications destinées à la jeunesse
Dépôt légal : avril 2010

Chapitre 1

Dans l'avion

– Mais pousse-toi du **hublot**✷! Je ne vois rien, s'énerve Victor.

– Attends un peu, chacun son tour, répond sa voisine Zoé. Cette rivière, c'est le Mississippi? On dirait un croissant!

– Miam, des croissants, fait Hugo. Ça me donne faim... on en mangera au petit déjeuner, à La Nouvelle-Orléans?

– Ah non, intervient Jack Williamson, l'homme assis à ses côtés. Ma sœur est une vraie Américaine, vous mangerez des pancakes le matin!

✷ **un hublot** : la fenêtre d'un avion.

Il observe les trois jeunes en souriant : il leur a proposé de venir avec lui aux États-Unis découvrir sa ville, La Nouvelle-Orléans, la capitale du jazz. Il a choisi les vacances de février parce que la ville sera en fête pour **Mardi gras**✪. Jack est professeur de musique et **dirige un ensemble**✪. Les trois jeunes sont ses meilleurs musiciens.

– Ta sœur a deux enfants, c'est bien ça ? demande Zoé.

– Oui, ils s'appellent Jessica et Ben, ils ont à peu près votre âge. Ben adore chanter et Jessica joue du saxophone.

Victor regarde une dernière fois son **carnet**✪ de vocabulaire.

– Alors… dire bonjour en anglais, je sais le faire. Me présenter, ça va aussi. Mais après, ça risque d'être difficile !

– Ne t'inquiète pas, lui dit Jack. Bernard, le mari de ma sœur, parle un peu le français. C'est un Cajun, un descendant des Acadiens du Canada.

– J'espère qu'on va bien manger en Louisiane, dit Hugo, et pas seulement des hamburgers !

✪ **Mardi gras** : fête célébrée en février avec des carnavals. Celui de La Nouvelle-Orléans est très important et très connu.
✪ **diriger un ensemble** : être le chef d'un groupe de musiciens.
✪ **un carnet** : un petit cahier.

– Pas de problème, répond Jack, la cuisine de Louisiane est excellente !

Zoé soupire. Hugo ne pense qu'à manger...

– Moi, j'espère que je vais rencontrer des stars, pour les prendre en photo et les montrer à mes copines en rentrant ! déclare-t-elle.

– Eh, Zoé, on va à La Nouvelle-Orléans, pas à Hollywood ! s'écrie Victor.

QUIZ

1. **Dans quel pays vont Zoé, Hugo et Victor ?**
   a. Aux États-Unis.
   b. Au Canada.
   c. En France.

2. **Qui est Jack ?**
   a. Leur professeur d'anglais.
   b. Leur professeur de musique.
   c. Leur oncle.

3. **De quelle musique jouent-ils ?**
   a. Du rap.
   b. De la musique classique.
   c. Du jazz.

Sinon, lis le résumé du chapitre, pages 36-37.

Réponses : 1 a – 2 b – 3 c. Si tu as tout juste, passe au chapitre suivant.

Chapter 2

Meeting Jack's Family

"Hello Anna, little sis!" Jack says, kissing a lovely lady in New Orleans airport.

"How are you, Jack? I'm so happy to see you again!"

"Let me **introduce**❋ my three young French musicians. This is Zoé, she is a brilliant flute player. Here is Hugo, a very talented piano player. And this is Victor, he plays the trumpet."

"Hello, nice to meet you," Victor says. "My name is Victor and I'm twelve o'clock!"

Anna laughs.

"Perhaps you mean you're twelve years old?" she asks with a smile. "Here are my children,

---

❋ **to introduce**: to present someone.

Ben and Jessica. Let's walk to my car and go home, alright?"

In Anna's car, Jessica tries to start a conversation with Zoé.

"We're driving to my parents' restaurant."

"What sort of restaurant is it?" Zoé asks.

"Our dad is the chef of La Maison Créole," Jessica answers.

"He's a specialist of Cajun food," her brother Ben adds.

"What is Cajun food like? Is it good?" Hugo asks.

"Oh, yes, it's delicious! It's a little **spicy**⊗, but I love it!" Ben says.

"I'm so excited: Mardi Gras is in five days!" Jessica says to Zoé.

"Yes, Jack told us about Mardi Gras. What happens then?"

"Everybody wears costumes and dances in the streets, it's so cool!"

"And, right now, New Orleans is full of TV cameras and journalists: President Obama is arriving in a couple of days!" Anna explains.

⊗ **spicy**: peppery, making your mouth feel hot.

Victor sounds really interested:

"What is he going to do in New Orleans?"

"He'll be here for an official visit," Anna answers, "but he's coming with his wife and his two daughters. I think he wants to see Mardi Gras with them."

"President Obama? Wow, that's so exciting! I really want to meet him! Perhaps I can ask him for an autograph!" Zoé says.

"You want to meet Obama? Forget it, it's absolutely impossible!" Ben answers.

Quiz

I Who is Anna? (2 answers)
   a. Jack's sister.
   b. Ben and Jessica's mother.
   c. Jack's mother.

2 What's Ben and Jessica's father's job?
   a. He's a dancer.
   b. He's a musician.
   c. He's a cook.

3 President Obama is coming to New Orleans.
   a. True
   b. False

Answers : 1 a/b – 2 c – 3 a. If all your answers are correct, go to the next chapter. If not, read the summary of the chapter, pages 36-37.

Chapitre 3

Le Quartier français

– Debout tout le monde! On va faire un tour dans le Quartier français.

– On peut manger des pancakes d'abord? demande Hugo. J'ai faim, moi!

– D'accord, mais fais vite, il y a beaucoup de choses à visiter! répond Jack.

Dans les rues, Jack regarde partout, l'air désolé:

– Oh là là, quelle catastrophe! Le quartier a changé et tout n'est pas reconstruit! C'est à cause de Katrina!

– Qui est cette Katrina? demande Victor.

– Katrina, c'est le nom d'un **ouragan** ✖, pas d'une personne, lui répond Jack. Il a détruit la

---

✖ **un ouragan**: une énorme tempête qui dévaste tout.

ville. À cause d'énormes inondations, beaucoup de familles ont perdu leur maison et sont parties. Surtout les familles noires, souvent les plus pauvres...

Ils marchent devant les bars du Quartier français et entendent des airs de jazz.

– Moi, dit Victor, je rêve de jouer de la trompette pour des gens célèbres ! Je veux devenir **chef d'orchestre** ✪ d'un *jazz band* !

– Moi aussi, je veux être chef, mais d'un grand restaurant, dit Hugo, je veux cuisiner pour les stars ou les présidents !

– Moi aussi, dit Zoé, je veux être cheffe d'une grande entreprise, pour voyager dans le monde entier et rencontrer plein de gens !

– OK, chefs ! Joli programme... dit Jack en souriant. Venez, on va prendre le tramway, pour voir les belles maisons datant d'avant la **guerre de Sécession** ✪.

– Ces maisons ont été construites quand les **esclaves** ✪ noirs travaillaient dans les plantations de coton, non ? demande Zoé.

✪ **un chef d'orchestre** : celui ou celle qui dirige les musiciens.
✪ **la guerre de Sécession** : conflit qui a eu lieu aux États-Unis de 1861 à 1865, entre les Sudistes (en faveur de l'esclavage) et les Nordistes (contre l'esclavage).
✪ **un esclave** : une personne privée de liberté et forcée à travailler.

– Absolument, répond Jack. L'esclavage est une sombre période de l'histoire du Sud des États-Unis. Des milliers de personnes ont été forcées de quitter l'Afrique pour venir ici.

– Ils ont voyagé dans d'horribles conditions et ensuite on les a obligés à récolter le coton dans tout le Sud des États-Unis, continue Hugo.

– Tu en connais, des choses, dis donc ! s'étonne Victor.

– J'ai juste lu le guide de voyage avant de partir. Moi, contrairement à toi, je savais que Katrina n'était pas une femme !

QUIZ

1 **Pourquoi La Nouvelle-Orléans a-t-elle changé ?**
a. L'ouragan Katrina a dévasté des quartiers entiers.
b. La ville est en rénovation pour les jeux Olympiques.
c. Elle va s'appeler la Vieille-Orléans.

2 **Qui veut devenir quoi ?**
a. Zoé   1. Chef cuisinier
b. Hugo   2. Chef d'entreprise
c. Victor   3. Chef d'orchestre

3 **Les esclaves travaillaient dans des champs de maïs.**
a. Vrai
b. Faux

Réponses : 1 a – 2 a2 / b1 / c3 – 3 b (Les esclaves travaillaient dans des champs de coton).
Si tu as tout juste, passe au chapitre suivant. Sinon, lis le résumé du chapitre, pages 36-37.

14

Chapter 4

An Incredible Phone Call

Bernard is speaking on the phone in the hall of the restaurant.

"Oh, my God, it's incredible!" he says, when he puts the phone down.

"What's the matter, Dad? You look terrible! What's wrong?" Jessica asks.

"You want to know what's wrong?" her dad says.

"Yes, of course! Come on, speak!"

"It's the White House in Washington. They say President Obama wants to eat Cajun food when he comes to New Orleans. La Maison Créole is the best restaurant in the French Quarter, so the White House wants to make a reservation for dinner!"

"What? Obama's coming to our restaurant? That's fantastic!" Ben says, really excited.

"Fantastic? No, it's a disaster! I only have two days to go shopping, find a menu and cook!"

"Don't panic, we can help you!" Zoé says.

"That's very nice of you, but you can't cook!"

"What are you going to put on the menu?" his wife Anna asks.

"I must offer some Cajun food. I can suggest my **jambalaya** ❂, **shrimp gumbo** ❂... and I need to find the best **catfish** ❂ and the best **crawfish** ❂ for the President!" Bernard answers.

"You can go and see Dédé Lavallière, in Lafayette. He has the best catfish in Louisiana," Anna says.

"Where is Lafayette?" Hugo asks.

"Look at the **map** ❂. It's here, you see, near Baton Rouge. It's in the bayou, a region with many lakes."

❂ **jambalaya:** a Cajun dish with rice, chicken and shrimp (see page 39).

❂ **shrimp gumbo:** a Cajun dish with shrimp, tomatoes, celery, onions and spices.

❂ **a catfish:** a typical fish of Louisiana.

❂ **a crawfish:** a sort of shrimp that lives in rivers.

❂ **a map:** a piece of paper with the drawing of an area showing cities and roads.

"Yes, that's a good idea," Bernard says. "And you kids are coming with me. You can speak French with the Cajun fishermen!"

"Great, we're going to visit the region, then!" Victor says.

Ben looks at his dad and tries to reassure him: "Just relax, Dad! You're going to cook the best dinner for the President! You can do it!"

Quiz

1 **Who was Bernard speaking to on the phone?**
 a. Dédé Lavallière.
 b. Jack.
 c. The White House.

2 **President Obama will have dinner at Bernard's restaurant.**
 a. True
 b. False

3 **Who is Dédé Lavallière ?**
 a. A cook.
 b. A hunter.
 c. A fisherman.

Answers : 1 c – 2 a – 3 c. If all your answers are correct, go to the next chapter. If not, read the summary of the chapter, pages 36-37.

Chapitre 5

Dans le bayou

– Vous parlez le français, Bernard ? demande Zoé.

– Oui, je vivais dans le bayou quand j'étais enfant et j'avais des cours de français à l'école.

– Qu'est-ce que c'est, le bayou ?

– C'est le nom des **marécages**✪ qui bordent le Mississippi. Voilà, nous sommes arrivés, dit Bernard. Salut Dédé ! Je t'amène des petits Français !

– Hé ! On n'est pas si petits ! s'écrie Victor.

Assis dans la barque de Dédé Lavallière, ils traversent des dizaines de lacs et de canaux. Le long de l'eau, ils voient de nombreuses **cabanes**✪ en bois.

✪ **un marécage** : des terres humides couvertes de marais.
✪ **une cabane** : une petite maison.

– C'est là que viennent tous les Cajuns le week-end pour pêcher, **se reposer** ✪ et faire la fête ! Voilà, vous pouvez descendre, nous sommes arrivés.

Dédé Lavallière demande à Bernard, avec le sourire :

– Alors, Bernard, que veux-tu pour le repas du président Obama ? J'ai tout préparé ! Le poisson-chat est parfait, et c'est la saison des écrevisses, elles sont excellentes !

Rassuré pour son menu, Bernard demande :

– C'est vrai qu'il y a une fête ce soir ?

– Oui, c'est l'élection de Miss Écrevisse, il faut absolument venir ! On va danser !

Plus tard, pendant le bal, Victor observe les musiciens qui jouent du violon et de l'accordéon. Hugo goûte les écrevisses épicées à la mode cajun.

– Miam, fait-il, c'est bon !

Zoé apprend à danser avec Dédé Lavallière. Il lui parle de ses ancêtres français.

– Et maintenant, dit un homme tenant un micro, voici l'élection de Miss Écrevisse, celle qui représente le mieux la culture des Cajuns.

✪ **se reposer** : ne rien faire, se relaxer.

Je propose cette année la jeune Française Zoé, qui est en visite dans le bayou !

– Moi aussi, je mérite le titre de Mister Écrevisse ! Après tout, c'est moi qui en ai mangé le plus… dit Hugo, jaloux.

Bernard applaudit, puis il regarde l'heure :

– Les amis, il est temps de rentrer, j'ai un dîner à préparer, moi !

– Relax, Bernard, lui dit Dédé. Rappelle-toi la **devise**✪ de la Louisiane : « Laissez le bon temps rouler » !

✪ **la devise** : la phrase symbolique d'un pays ou d'une région.

QUIZ

1 **À quoi servent les cabanes des Cajuns ?**
a. Se reposer et pêcher.
b. Se cacher.
c. Se protéger des ouragans.

2 **Zoé est élue**
a. Miss Crevette.
b. Miss Langoustine.
c. Miss Écrevisse.

3 **Dédé Lavallière a des origines**
a. françaises.
b. canadiennes.
c. africaines.

Réponses : 1 a – 2 c – 3 a. Si tu as tout juste, passe au chapitre suivant. Sinon, lis le résumé du chapitre, pages 36-37.

Chapter 6

The Catastrophe

In La Maison Créole, everyone's busy preparing the President's dinner. Everyone except Ben and Jessica: they're relaxing on a sofa with their French friends, watching the local news on TV. A young journalist is speaking to the cameras: "After his visit of New Orleans, President Obama's going to have dinner at La Maison Créole, a famous Cajun restaurant in the French Quarter…"

Ben starts screaming:

"Daaaaaaaaaad! Your restaurant's on TV, come quick!"

Immediately, everyone leaves the kitchen, and runs to watch the news. Jessica is really excited, but Bernard is not interested at all:

"Come on everyone, back to the kitchen, now! We've got a dinner to prepare, and there's no time to lose!"

All the cooks run back to work immediately.

"Phew! Dad is so stressed!" Ben says.

Zoé asks:

"Don't you think his reaction is normal? This dinner is really important for his reputation..."

It's 7.30 pm. Hugo is now in Bernard's kitchen, watching the cooks and trying to help.

"**Yummy**⊗, this jambalaya smells so good," he says. "I'm sure President Obama's going to love it!"

The others are looking at the street from the window, waiting.

Zoé can't believe her eyes:

"There he is! Wow, he's in a limousine! Just like a rock star!"

A few minutes later, President Obama is in the dining room, **chatting**⊗ with his wife and his two daughters.

⊗ **yummy:** what you say when your food is delicious.
⊗ **to chat:** to talk.

The kitchen is in a state of **emergency❃**.

"Quick! Give me the dish of crawfish, please!" Bernard shouts.

He takes the dish, ready to bring it to the President's table. But he's so nervous he **bumps into❃** a chair, and he falls down. Splashhh! Everyone is petrified: all the food is on the floor!

"No! It's a complete catastrophe! The crawfish for the President!" Bernard screams.

❃ **an emergency**: a difficult or dangerous situation wich needs quick action.
❃ **to bump into**: to hit something or someone by accident.

QUIZ

1 **What are Ben and Jessica doing ?**
a. They're helping their father.
b. They're watching TV.
c. They're playing cards.

2 **Bernard is**
a. stressed.
b. happy.
c. impatient.

3 **The dish for President Obama is**
a. perfect.
b. burnt.
c. on the floor.

If not, read the summary of the chapter, pages 36-37.

Answers : 1 b – 2 a – 3 c. If all your answers are correct, go to the next chapter.

Le concert

En entendant le cri de Bernard, Ben, Jessica et leurs amis français arrivent en courant.

Tout le monde **ramasse** ❋ les écrevisses aussi vite que possible.

– Oh là là, c'est un désastre, s'écrie Bernard d'une voix désespérée.

– Pas de panique ! s'écrie Hugo d'un ton rassurant. Je vais t'aider à préparer un autre plat d'écrevisses.

– C'est impossible, le président va attendre ! répond Bernard.

– Et si on lui jouait un peu de musique pour passer le temps ? suggère Zoé.

❋ **ramasser** : prendre des choses par terre.

– Oh oui, un petit air de jazz de La Nouvelle-Orléans, répond Victor. Je peux prendre la trompette de Jack et Jessica son saxophone! Zoé et Ben, vous voulez bien chanter?

Quelques instants plus tard, ils sont debout près de la table de la famille Obama. Ben commence à chanter:

– Oh when the saints go marching in...

Très vite, les clients du restaurant s'arrêtent de parler pour écouter le concert improvisé. Ils tapent des mains en rythme pour encourager les musiciens.

À la fin du morceau, le président se lève pour les applaudir, l'air **ravi**✪. Sa fille **aînée**✪ fait un grand sourire à Zoé, puis murmure quelques mots à l'oreille de son père.

Plus tard, en cuisine, l'excitation est à son maximum.

– C'est le rêve absolu, j'ai joué de la trompette devant Barack Obama, je suis au top de ma carrière! dit Victor.

– Et moi, j'ai aidé à la préparation de son dîner, je suis au top de ma gloire! lui répond Hugo.

✪ **ravi** : très content.
✪ **aîné** : plus âgé.

– Eh oh ! On se calme ! s'exclame Jack. Un chef d'orchestre, un chef cuisinier et un chef d'État, ça fait beaucoup pour moi !

Bernard se tourne alors vers eux :

– Merci ! Vous êtes mes héros ! Le président a signé mon **livre d'or**✪ et n'a fait que des compliments sur ma cuisine et le concert de jazz ! Tiens Zoé, le président m'a donné une enveloppe pour toi.

– Une enveloppe ? Pour moi ? De la part du président Obama ?

✪ **un livre d'or** : un cahier où on écrit ses impressions sur un restaurant ou un hôtel.

Quiz

1 **Que font les jeunes pour faire patienter la famille Obama ?**
   a. Ils jouent aux cartes.
   b. Ils allument la télévision.
   c. Ils organisent un concert de jazz.

2 **Le président Obama est très mécontent de sa soirée.**
   a. Vrai
   b. Faux

3 **Bernard donne à Zoé, de la part du président Obama,**
   a. une enveloppe.
   b. un livre.
   c. un baiser.

Réponses : 1 c – 2 b – 3 a. Si tu as tout juste, passe au chapitre suivant. Sinon, lis le résumé du chapitre, pages 36-37.

Chapter 8

Yes, We Can!

"Come on, open it!" Jessica tells Zoé, curious to discover what this is all about.

Everyone's looking at the young French girl; they're all impatient to know more.

Zoé starts reading the letter **out loud**✲:

> *Dear Zoé,*
>
> *Thank you very much for the lovely concert.*
> *You're a very talented band of musicians.*
> *My daughter loves writing to young people from all over the world. If you accept, you can become her pen-pal and write e-mails to her.*
> *All the best,*
>
> *Barack Obama*

"How exciting, perhaps I'll be friends with her!" Zoé says.

✲ **out loud**: not silently, so everyone can hear her.

"Great!" Ben says. "And we can all meet again next year at the White House, in Washington!"

"It's the American Dream!" Hugo adds, smiling.

Anna enters the kitchen and speaks to Bernard:

"A journalist from *The New Orleans Chronicle* is on the phone. He wants to interview you about Obama's dinner. Can you talk to him, please?"

"Alright," Bernard says, following her.

"Perhaps we should go to bed now, tomorrow is Mardi Gras, we're going **to party**✲ all day long!" Jessica says.

"Right. And don't forget we also need to start **packing**✲. We're going back to France in two days," Jack says.

"Oh, no!" Hugo, Zoé and Victor say.

Ben and Jessica realize their friends are going to leave.

"I'm really sad," Jessica says. "It's so much fun having you around!"

"Yeah," Ben says, "please don't go!"

Bernard is back from his phone call:

"*The New Orleans Chronicle* wants to interview all the musicians tomorrow! They're going to

✲ **to party**: to celebrate and have fun.
✲ **to pack**: to prepare your luggage.

publish your pictures on **the front page❸!**"

"Well, this isn't Hollywood, but we're going to be famous!" Victor says with a big smile.

"Dad," Jessica says, "why not change the name of La Maison Créole? You can call it Restaurant Obama!"

"That's a fantastic name!" Ben says.

"Do you really think we can do that?" Bernard says, hesitating.

"**YES, WE CAN!❸**" everybody answers, laughing.

❸ **the front page:** the first page of a newspaper.
❸ **"Yes, we can!":** Obama's slogan during the campaign for the presidential election in 2008.

Quiz

1 **Zoé's going to**
a. write an SMS to Obama's daughter.
b. phone Obama's daughter.
c. write e-mails to Obama's daughter.

2 **For his article, the journalist's going to photograph:**
a. Bernard, the chef of La Maison Créole.
b. President Obama and his family.
c. Ben, Jessica and their French friends.

3 **The French kids are going back to France in two days.**
a. True
b. False

Answers : 1 c – 2 c – 3 a. If all your answers are correct, congratulations! If not, read the summary of the chapter, pages 36-37.

Bonus

Résumés
Summaries

Chapitre 1

Victor, Zoé et Hugo sont dans l'avion les emmenant à la Nouvelle-Orléans. Leur professeur de musique Jack les a invités. Ils vont vivre chez sa sœur Anna et son mari Bernard, qui est Cajun.

Chapter 2

The French visitors meet Anna and her two children, Ben and Jessica. They explain that their dad has a Cajun restaurant: La Maison Créole. It's a busy period for New Orleans: it's Mardi Gras very soon and President Obama's coming to the city.

Chapitre 3

Les Français explorent la ville et son Quartier français, accompagnés par Jack. La ville est marquée par son histoire, notamment l'esclavage, et est encore choquée par l'ouragan Katrina.

Chapter 4

Bernard receives a phone call: Barack Obama's going to have dinner at his restaurant. Bernard is very anxious, he decides to cook a typical Louisiana menu.

Chapitre 5

Zoé, Hugo et Victor accompagnent Bernard dans le bayou. Ils font la connaissance d'un pêcheur, Dédé Lavallière, qui vend à Bernard du poisson-chat et des écrevisses. Ils participent à un bal, où Zoé est élue Miss Écrevisse.

Chapter 6

While the young are watching Obama on TV, Bernard is very nervous about the dinner. President Obama and his family arrive. Bernard falls and the President's plate of crawfish ends up on the floor.

Chapitre 7

C'est la catastrophe : il faut du temps pour préparer un nouveau plat d'écrevisses. Les jeunes improvisent un concert de jazz pour faire patienter le président. C'est un vrai succès. Et le président a écrit une lettre à Zoé.

Chapter 8

In the letter, Obama asks Zoé if she wants to become his daughter's pen-friend. All the musicians from Obama's dinner will be on the front page of a newspaper. They're going to the carnival for Mardi Gras and they realize it will soon be time to go back home for the French visitors.

Amuse-toi
avec Mélie
et Mellow

Play
with Mélie
and Mellow

Le menu du président
The President's Dinne

C'est toi
le chef
cuisinier.

Cook
Obama's
dinner!

La tarte aux noix de pécan
(pour 4)

1 pâte sablée toute prête
200 g de noix de pecan
50 g de beurre
2 œufs
100 g de sucre roux
10 cl de crème fraîche

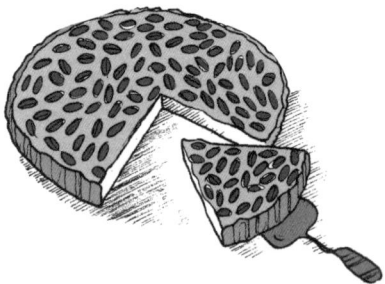

Déroule la pâte sablée dans un moule.

Place les noix sur la pâte.

Mélange au fouet les œufs, le sucre, la crème, le beurre fondu.

Verse le mélange sur les noix.

Mets au four pour 40 minutes (190° C – 370 F).

Jambalaya

(serves 4)

In a frying pan, cook 6 slices of bacon until crisp.

Then put them on a paper towel to dry.

In the same pan, cook 1/2 cup of minced onions and 1/2 cup of bell peppers until they're tender; this takes about 5 minutes.

Add 2 cups of chicken broth, 1/2 cup of ketchup, 1 tablespoon of brown sugar; cover and simmer for 15 minutes.

Add 1 pound of shrimp and 1 cup of finely diced ham to the first mixture; heat through.

Blend 2 tablespoons of cornstarch and 3 tablespoons of cold water and then stir into the mixture.

Cook until thickened. Add salt and pepper, to taste. Serve with hot cooked rice.

Bon appétit !

Amuse-toi avec Mélie et Mellow

Play with Mélie and Mellow

Viens manger avec nous!
Come and eat with us!

Mélie et Mellow passent à table. Complète les expressions.

Mélie et Mellow sit down for a meal. Fill in the gaps.

Amuse-toi avec Mélie et Mellow

Play with Mélie and Mellow

Let's play some music!
Jouons de la musique!

Mélie et Mellow adorent la musique. Trouve le nom de l'instrument dont ils jouent.

a
la batterie

b
la trompette

c
the drums

d
le violon

e
the guitar

f
the trumpet

g
the violin

h
la guitare

Mélie et Mellow love music. Find the name of the instrument they're playing.

Solutions : 1. b / f – 2. d / g – 3. a / c – 4. e / h

Amuse-toi
avec Mélie
et Mellow

Play
with Mélie
and Mellow

You can sing
this famous
jazz hymn!

Oh When the Saints

Oh when the saints go marching in,
Oh when the saints go marching in,
Oh Lord, I want to be in that number,
Oh when the saints go marching in.

Oh when the sun begins to shine,
Oh when the sun begins to shine,
Oh Lord, I want to be in that number,
When the sun begins to shine.

Le savais-tu?
Did you know?

La **Louisiane** était à l'origine un énorme territoire français. Napoléon l'a vendue aux États-Unis pour 15 millions de dollars, presque rien !

Les **Acadiens** étaient des Français vivant au Canada. En 1755, ils ont été chassés par les Anglais car ils voulaient rester fidèles au roi de France. Ils ont fui jusqu'en Louisiane, et s'y sont installés. On les a progressivement appelé les Cajuns.

Beaucoup de Noirs ont été amenés de force d'Afrique pour travailler comme **esclaves** dans les plantations du Sud des États-Unis.

Cajun French is spoken or understood by 250,000 people. It's a mixture of French Creole and Native American words.

Mardi Gras in New Orleans is the most famous carnival in the United States. It is celebrated in February. Thousands of people participate. The streets of the French Quarter are decorated with three colours: purple, green and gold.

New Orleans was devastated by the hurricane **Katrina** in 2005. The city was flooded, and many families lost their houses and were evacuated to other cities. More than 1,300 people died during this disaster.

Dans le Quartier français de La Nouvelle-Orléans, on peut écouter du **jazz** dans presque tous les bars et les restaurants. Dans le pays cajun, on adore faire la fête, écouter de la musique appelée Zydeco, et on danse lors de nombreux festivals.

Originally used to clean clothes, the **washboard** is used by Cajuns as a musical instrument. It is played by scraping it with thimbles.

Table des matières
Table of contents

Bonus

Dans la même collection

My New Life - Ma nouvelle vie,
Corinne Laven

The Lake Monster - Le monstre du lac,
Jeannette Ward

The Mysterious Safe - Le secret du coffre,
Nathalie Chalmers

The Football Shirt - Le maillot de foot,
Sharon Santoni

A Night in the Refuge - Une nuit au refuge,
Sharon Santoni

The Celtic Crosses - Les croix celtiques,
Caroline Miller (juin 2010)

On the Bear's Track - Sur la piste de l'ours,
Alice Caye (juin 2010)

Connaissez-vous la collection « DUAL Books » ?
(à partir de deux ans d'apprentissage de la langue)
Retrouvez l'ensemble des titres sur le site
www.talentshauts.fr

Achevé d'imprimer en France par Grapho 12
N° d'imprimeur : 2010020042-1